MW00718976

PARA: _ELVIRA AGUIRRE_

*A*légrense en la esperanza ... perseveren en la oración.
Romanos 12:12

DE: _Alberto y Cecilia._

Gye, Nov. 30/2002

1

Oraciones para una mujer de fe
Miami, Florida 33166-4665

© 2000 EDITORIAL VIDA

Publicado en inglés con el título:Prayers for a Woman of Faith
por Zondervan Publishing House © 1998 por New Life Clinics

Director artístico: *Jody Langley*

Edición: *Nancy Pineda*

Adaptación del diseño y compaginación: *Jannio Monge*

ISBN 0-8297-3183-0
Categoría: *Inspiración*
Impreso en Hong Kong

00 01 02 03 04 05 06 ♦ 07 06 05 04 03 02 01

ORACIONES PARA UNA MUJER DE FE

ORACIONES PARA UNA MUJER DE FE SOBRE

El Padre Nuestro

*P*adre nuestro que estás en el cielo,
santificado sea tu nombre, venga tu reino,
hágase tu voluntad en la tierra como en el cielo.
Danos hoy nuestro pan cotidiano.
Perdónanos nuestras deudas, como también nosotros
hemos perdonado a nuestros deudores.
Y no nos dejes caer en tentación,
sino líbranos del maligno; porque tuyo
es el reino el poder y la gloria por siempre. Amén

Mateo 6:9-13

ORACIONES DE SEGURIDAD

Cuando siento miedo, pongo en ti mi confianza.
Salmo 56:3

$\mathscr{A}$ ti, fortaleza mía, vuelvo los ojos,
pues tú, oh Dios, eres mi protector.
Tú eres el Dios que me ama,
e irás delante de mí.

Salmo 59:9-10

$\mathscr{I}$ nclina a mí tu oído, y acude pronto
a socorrerme. Sé tú mi roca protectora,
la fortaleza de mi salvación.

Salmo 31:2

$\mathscr{T}$en compasión de mí, oh Dios;
ten compasión de mí, que en ti confío.
A la sombra de tus alas me refugiaré,
hasta que haya pasado el peligro.

Salmo 57:1

❧

$\mathscr{N}$o dejes que me arrastre la corriente;
no permitas que me trague el abismo,
ni que el foso cierre sus fauces sobre mí.
Respóndeme, SEÑOR, por tu bondad y tu amor;
por tu gran compasión, vuélvete a mí.

Salmo 69:15-16

Prefiero recordar las hazañas del SEÑOR,
traer a la memoria sus milagros de antaño.
Meditaré en todas tus proezas;
evocaré tus obras poderosas.
Santos, oh Dios, son tus caminos;
¿qué dios hay tan excelso como nuestro Dios?
Tú eres el Dios que realiza maravillas;
el que despliega su poder entre los pueblos.

Salmo 77:11-14

Quiero alabarte, SEÑOR, con todo el corazón,
y contar todas tus maravillas.
Quiero alegrarme y regocijarme en ti,
y cantar salmos a tu nombre, oh Altísimo.
Mis enemigos retroceden; tropiezan y perecen ante ti.
Porque tú me has hecho justicia, me has vindicado;
tú, juez justo, ocupas tu trono.

Salmo 9:1-4

❧

Tú, SEÑOR, eres mi lámpara;
tú, SEÑOR, iluminas mis tinieblas.
Con tu apoyo me lanzaré contra un ejército
contigo, Dios mío, podré asaltar murallas.

2 Samuel 22:29-30

$\mathscr{P}$ero ahora, así dice el Señor, ... «No temas,
que yo te he redimido; te he llamado
por tu nombre; tú eres mío.
Cuando cruces las aguas, yo estaré contigo;
cuando cruces los ríos, no te cubrirán sus aguas;
cuando camines por el fuego, no te quemarás
ni te abrasarán las llamas. Yo soy el Señor, tu Dios,
el Santo de Israel, tu salvador.»

Isaías 43:1-3

BENDICIÓN SACERDOTAL

»"El Señor te bendiga y te guarde; el Señor
te mire con agrado y te extienda su amor;
el Señor te muestre su favor
y te conceda la paz."»

Números 6:24-26

$\mathscr{S}$alva a tu pueblo, bendice a tu heredad,
y cual pastor guíalos por siempre.

Salmo 28:9

$\mathscr{P}$ero que se alegren todos los que en ti buscan refugio;
¡que canten siempre jubilosos!
Extiende tu protección, y que en ti se regocijen
todos los que aman tu nombre.
Porque tú, SEÑOR, bendices a los justos;
cual escudo los rodeas con tu buena voluntad.

Salmo 5:11-12

𝒯ú, oh Dios y Salvador nuestro,
nos respondes con imponentes obras de justicia;
tú eres la esperanza de los confines de la tierra
y de los más lejanos mares.

Salmo 65:5

𝒜laben al SEÑOR, todas sus obras
en todos los ámbitos de su dominio.
¡Alaba, alma mía, al SEÑOR!

Salmo 103:22

$\mathcal{M}$uchas son, SEÑOR mi Dios, las maravillas
que tú has hecho. No es posible enumerar
tus bondades en favor nuestro.
Si quisiera anunciarlas y proclamarlas,
serían más de lo que puedo contar.

Salmo 40:5

❧

$\mathcal{B}$endito seas, SEÑOR!
¡Sea exaltado tu glorioso nombre, que está por
encima de toda bendición y alabanza!

Nehemías 9:5

*N*o me he apartado de tus mandamientos ni los he olvidado. SEÑOR mi Dios, yo te he obedecido y he hecho todo lo que me mandaste. Mira desde el cielo, desde el santo lugar donde resides y, bendice a tu pueblo

Deuteronomio 26:13-15

❧

$\mathcal{S}$EÑOR, tú has sido nuestro refugio generación tras generación. Desde antes que nacieran los montes y que crearas la tierra y el mundo, desde los tiempos antiguos y hasta los tiempos postreros, tú eres Dios. Enséñanos a contar bien nuestros días, para que nuestro corazón adquiera sabiduría. Sácianos de tu amor por la mañana, y toda nuestra vida cantaremos de alegría. ¡Sean manifiestas tus obras a tus siervos, y tu esplendor a sus descendientes! Que el favor del SEÑOR nuestro Dios esté sobre nosotros. Confirma en nosotros la obra de nuestras manos; sí, confirma la obra de nuestras manos.

Salmo 90:1-2,12,14,16-17

ORACIONES POR AUDACIA Y VALOR

El Señor es mi roca, mi amparo, mi libertador;
es mi Dios, el peñasco en que me refugio.
Es mi escudo, el poder que me salva, ¡mi más alto escondite!
Invoco al Señor, que es digno de alabanza,
y quedo a salvo de mis enemigos.

Salmo 18:2-3

$\mathcal{S}$iempre tengo presente al SEÑOR;
con él a mi derecha, nada me hará caer.

Salmo 16:8

$\mathcal{A}$un si voy por valles tenebrosos,
no temo peligro alguno
porque tú estás a mi lado;
tu vara de pastor me reconforta.

Salmo 23:4

$\mathcal{E}$l SEÑOR es mi luz y mi salvación;
¿a quién temeré? El SEÑOR es el baluarte de mi vida;
¿quién podrá amedrentarme?

Salmo 27:1

20

*P*orque en el día de la aflicción
él me resguardará en su morada;
al amparo de su tabernáculo me protegerá,
y me pondrá en alto, sobre una roca.

Salmo 27:5

*T*ú, SEÑOR, escuchas la petición de los indefensos,
les infundes aliento y atiendes su clamor.
Tú defiendes al huérfano y al oprimido,
para que el hombre, hecho de tierra,
no siga ya sembrando el terror.

Salmo 10:17-18 (NRSV)

$\mathcal{M}$is enemigos retroceden;
tropiezan y perecen ante ti.
Porque tú me has hecho justicia, me has vindicado;
tú, juez justo, ocupas tu trono.
Reprendiste a los paganos, destruiste a los malvados;
¡para siempre borraste su memoria!

Salmo 9:3-5

❧

"*No* tengan miedo ni se acobarden cuando vean ese gran ejército, porque la batalla no es de ustedes sino mía ... Simplemente, quédense quietos en sus puestos, para que vean la salvación que el SEÑOR les dará ... no tengan miedo ni se acobarden! ... porque yo, el SEÑOR, estaré con ustedes."

2 Crónicas 20:15,17

Cuando lo oyeron, alzaron unánimes la voz en oración a Dios:
«Soberano SEÑOR, creador del cielo y de la tierra,
del mar y de todo lo que hay en ellos, tú, por medio del
Espíritu Santo, dijiste en labios de nuestro padre David, tu siervo:
»¿Por qué se sublevan las naciones y en vano conspiran los
pueblos? Los reyes de la tierra se rebelan y los gobernantes se
confabulan contra el SEÑOR y contra su ungido ... para hacer lo
que de antemano tu poder y tu voluntad habían determinado que
sucediera. Ahora, SEÑOR, toma en cuenta sus amenazas y concede
a tus siervos el proclamar tu palabra sin temor alguno.
Por eso, extiende tu mano para sanar y hacer señales y prodigios
mediante el nombre de tu santo siervo Jesús.»

Hechos 4:24-26,28-30

ORACIONES DE CONSUELO

Éste es mi consuelo en medio del dolor:
que tu promesa me da vida.

Salmo 119:50

Esperando tu salvación se me va la vida.
En tu palabra he puesto mi esperanza.

Salmo 119:81

*P*or eso, SEÑOR, te alabo entre las naciones
y canto salmos a tu nombre.

2 Samuel 22:50

*P*orque tú, SEÑOR, bendices a los justos;
cual escudo los rodeas con tu buena voluntad.

Salmo 5:12

*M*e guías con tu consejo,
y más tarde me acogerás en gloria.

Salmo 73:24

$\mathcal{A}$l de carácter firme lo guardarás
en perfecta paz, porque en ti confía.

Isaías 26:3

❦

$\mathcal{S}$ales al encuentro de los que, alegres,
practican la justicia y recuerdan tus caminos.

Isaías 64:5

❦

$\mathcal{C}$omo madre que consuela a su hijo,
así yo los consolaré a ustedes;
en Jerusalén serán consolados.

Isaías 66:13

«El Señor es mi roca, mi amparo, mi libertador;
es mi Dios, el peñasco en que me refugio.
Es mi escudo, el poder que me salva,
¡mi más alto escondite! Él es mi protector y mi salvador ...
Invoco al Señor, que es digno de alabanza,
y quedo a salvo de mis enemigos.
»Las olas de la muerte me envolvieron;
los torrentes destructores me abrumaron.
Me enredaron los lazos del sepulcro,
y me encontré ante las trampas de la muerte.
En mi angustia invoqué al Señor; llamé a mi Dios,
y él me escuchó desde su templo;
¡mi clamor llegó a sus oídos!

2 Samuel 22:2-7

Tú me has librado de la muerte, has enjugado
mis lágrimas, no me has dejado tropezar.
Por eso andaré siempre delante del SEÑOR
en esta tierra de los vivientes.

Salmo 116:8-9

❧

Aun si voy por valles tenebrosos,
no temo peligro alguno
porque tú estás a mi lado;
tu vara de pastor me reconforta.

Salmo 23:4

$\mathcal{M}$e alegro y me regocijo en tu amor, porque tú has visto
mi aflicción y conoces las angustias de mi alma.
No me entregaste al enemigo,
sino que me pusiste en lugar espacioso.

Salmo 31:7-8

❧

$\mathcal{S}$ólo en Dios halla descanso mi alma; de él
viene mi esperanza. Sólo él es mi roca y mi salvación;
él es mi protector y no habré de caer.

Salmo 62:5-6

ORACIONES DE CONFESIÓN

¡SEÑOR MI DIOS, te ruego que perdones!

Amós 7:2

«DIOS mío, estoy confundido y siento verguenza de levantar el rostro hacia ti, porque nuestras maldades se han amontonado hasta cubrirnos por completo; nuestra culpa ha llegado hasta el cielo.»

Esdras 9:6

ℰero te confesé mi pecado,
y no te oculté mi maldad ...
«Voy a confesar mis transgresiones al SEÑOR»,
y tú perdonaste mi maldad y mi pecado.

Salmo 32:5

❧

"¡𝒪h Dios, ten compasión de mí, que soy pecador!"

Lucas 18:13

❧

«ℋe cometido un pecado muy grande.
He actuado como un necio. Yo te ruego, SEÑOR,
que perdones la maldad de tu siervo.»

2 Samuel 24:10

¿Qué Dios hay como tú, que perdone la maldad
y pase por alto el delito del remanente de su pueblo?
No siempre estarás airado, porque tu mayor placer es amar.

Vuelve a compadecerte de nosotros.

Pon tu pie sobre nuestras maldades
y arroja al fondo del mar todos nuestros pecados.

Miqueas 7:18-19

Enséñame lo que no alcanzo a percibir;
si he cometido algo malo, no volveré a hacerlo.

Job 34:32

❧

Ten compasión de mí, oh Dios,
conforme a tu gran amor;
conforme a tu inmensa bondad, borra
mis transgresiones. Lávame de toda mi maldad
y límpiame de mi pecado. Yo reconozco
mis transgresiones; siempre tengo presente mi pecado.
Contra ti he pecado, sólo contra ti,
y he hecho lo que es malo ante tus ojos; por eso,
tu sentencia es justa, y tu juicio, irreprochable.
Yo sé que soy malo de nacimiento; pecador me concibió
mi madre. Yo sé que tú amas la verdad en lo íntimo;
en lo secreto me has enseñado sabiduría.

Purifícame con hisopo, y quedaré limpio;
lávame, y quedaré más blanco que la nieve.
Anúnciame gozo y alegría; infunde
gozo en estos huesos que has quebrantado.
Aparta tu rostro de mis pecados y borra toda mi maldad.
Crea en mí, oh Dios, un corazón limpio,
y renueva la firmeza de mi espíritu.
No me alejes de tu presencia
ni me quites tu santo Espíritu.
Devuélveme la alegría de tu salvación;
que un espíritu obediente me sostenga.

Salmo 51:1-12

»SEÑOR, Dios grande y terrible, que cumples tu pacto de fidelidad con los que te aman y obedecen tus mandamientos: Hemos pecado y hecho lo malo; hemos sido malvados y rebeldes; nos hemos apartado de tus mandamientos y de tus leyes ... Préstanos oído, Dios nuestro; abre los ojos y mira nuestra desolación y la ciudad sobre la cual se invoca tu nombre. Al hacerte estas peticiones, no apelamos a nuestra rectitud sino a tu gran misericordia.»

Daniel 9:4-5,18

ORACIONES DE DEDICACIÓN

¡Yo amo tus preceptos!
¡Dame vida conforme a tu justicia!

Salmo 119:40

Por tu gran amor, dame vida
y cumpliré tus estatutos.

Salmo 119:88

$\mathcal{C}$onforme a tu gran amor, escucha mi voz;
conforme a tus juicios, SEÑOR, dame vida.

Salmo 119:149

❧

$\mathcal{G}$rande es, SEÑOR, tu compasión;
dame vida conforme a tus juicios.

Salmo 119:156

En tus manos encomiendo mi espíritu;
líbrame, SEÑOR, Dios de la verdad.

Salmo 31:5

❦

SEÑOR, hazme conocer tus caminos;
muéstrame tus sendas. Encamíname en tu verdad,
¡enséñame! Tú eres mi Dios y Salvador;
¡en ti pongo mi esperanza todo el día!

Salmo 25:4-5

Reconforta el espíritu de tu siervo,
porque a ti, SEÑOR, elevo mi alma.

Salmo 86:4

❧

Instrúyeme, SEÑOR, en tu camino para
conducirme con fidelidad. Dame integridad
de corazón para temer tu nombre.

Salmo 86:11

$\mathcal{P}$or la mañana hazme saber de tu gran amor,
porque en ti he puesto mi confianza. Señálame el camino
que debo seguir, porque a ti elevo mi alma ... Enséñame
a hacer tu voluntad, porque tú eres mi Dios.
Que tu buen Espíritu me guíe por un terreno sin obstáculos.

Salmo 143:8,10

☙

$\mathcal{A}$ ti, SEÑOR, elevo mi alma.

Salmo 25:1

¿A quién tengo en el cielo sino a ti?
Si estoy contigo, ya nada quiero en la tierra.
Podrán desfallecer mi cuerpo y mi espíritu,
pero Dios fortalece mi corazón; él es mi herencia eterna.

Salmo 73:25-26

❧

Examíname, oh Dios, y sondea mi corazón;
ponme a prueba y sondea mis pensamientos.
Fíjate si voy por mal camino,
y guíame por el camino eterno.

Salmo 139:23-24

ORACIONES DE PERDÓN

¿Quién está consciente de sus propios errores? ...
Libra, además, a tu siervo de pecar a sabiendas;
no permitas que tales pecados me dominen.
Así estaré libre de culpa y de multiplicar mis pecados.

Salmo 19:12-13

$\mathcal{P}$erdónanos nuestras deudas, como también nosotros
hemos perdonado a nuestros deudores.

Mateo 6:12

$\mathcal{O}$lvida los pecados y transgresiones
que cometí en mi juventud.
Acuérdate de mí según tu gran amor, porque tú,
SEÑOR, eres bueno. Bueno y justo es el SEÑOR;
por eso les muestra a los pecadores el camino.

Salmo 25:7-8

$\mathcal{P}$or amor a tu nombre, SEÑOR,
perdona mi gran iniquidad.

Salmo 25:11

❧

$\mathcal{F}$íjate en mi aflicción y en mis penurias,
y borra todos mis pecados.

Salmo 25:18

❧

$\mathcal{P}$ero te confesé mi pecado, y no te oculté mi maldad.
Me dije: «Voy a confesar mis transgresiones al SEÑOR»,
y tú perdonaste mi maldad y mi pecado.

Salmo 32:5

$\mathcal{A}$parta tu rostro de mis pecados y borra toda mi maldad. Crea en mí, oh Dios, un corazón limpio, y renueva la firmeza de mi espíritu. No me alejes de tu presencia ni me quites tu santo Espíritu. Devuélveme la alegría de tu salvación; que un espíritu obediente me sostenga.

Salmo 51:9-12

$\mathcal{A}$ causa de sus perversidades. Nuestros delitos nos abruman, pero tú los perdonaste. ¡Dichoso aquel a quien tú escoges, al que atraes a ti para que viva en tus atrios! Saciémonos de los bienes de tu casa, de los dones de tu santo templo.

Salmo 65:3-4

Oh Dios y salvador nuestro,
por la gloria de tu nombre, ayúdanos;
por tu nombre, líbranos y perdona nuestros pecados.

Salmo 79:9

Perdonaste la iniquidad de tu pueblo
y cubriste todos sus pecados; depusiste por completo tu
enojo, y contuviste el ardor de tu ira.
Restáuranos una vez más, Dios y salvador nuestro;
pon fin a tu disgusto con nosotros.

Salmo 85:2-4

$\mathcal{T}$ú, SEÑOR, eres bueno y perdonador;
grande es tu amor por todos los que te invocan.

Salmo 86:5

❧

$\mathcal{P}$or amor a tu nombre, SEÑOR,
perdona mi gran iniquidad.

Salmo 25:11

ORACIONES POR DIRECCIÓN

*Instrúyeme, Señor, en tu camino
para conducirme con fidelidad. Dame integridad
de corazón para temer tu nombre.*

Salmo 86:11

Pues si realmente es así, dime qué quieres que haga.
Así sabré que en verdad cuento con tu favor.
Ten presente que los israelitas son tu pueblo
Éxodo 33:13

✿

Señor, hazme conocer tus caminos;
muéstrame tus sendas. Encamíname en
tu verdad, ¡enséñame! Tú eres mi Dios y Salvador;
¡en ti pongo mi esperanza todo el día!
Salmo 25:4-5

✿

Ábreme los ojos, para que contemple
las maravillas de tu ley.
Salmo 119:18

Envía tu luz y tu verdad;
que ellas me guíen a tu monte santo,
que me lleven al lugar donde tú habitas.

Salmo 43:3

❧

Enséñame, SEÑOR, a seguir tus decretos,
y los cumpliré hasta el fin. Dame entendimiento
para seguir tu ley, y la cumpliré de todo corazón.
Dirígeme por la senda de tus mandamientos,
porque en ella encuentro mi solaz. Inclina mi
corazón hacia tus estatutos y no hacia
las ganancias desmedidas. Aparta mi vista de
cosas vanas, dame vida conforme a tu palabra.

Salmo 119:33-37

$\mathcal{G}$uía mis pasos conforme a tu promesa;
no dejes que me domine la iniquidad.

Salmo 119:133

❧

$\mathcal{E}$xamíname, oh Dios, y sondea mi corazón;
ponme a prueba y sondea mis pensamientos.
Fíjate si voy por mal camino,
y guíame por el camino eterno.

Salmo 139:23-24

Enséñame lo que no alcanzo a percibir;
si he cometido algo malo, no volveré a hacerlo.

Job 34:32

Impárteme conocimiento y buen juicio,
pues yo creo en tus mandamientos.

Salmo 119:66

Instrúyanme, y me quedaré callado;
muéstrenme en qué estoy equivocado.

Job 6:24

$\mathcal{P}$or la mañana hazme saber de tu gran amor,
porque en ti he puesto mi confianza. Señálame el camino
que debo seguir, porque a ti elevo mi alma.
SEÑOR, líbrame de mis enemigos, porque en ti
busco refugio. Enséñame a hacer tu voluntad,
porque tú eres mi Dios. Que tu buen Espíritu me guíe
por un terreno sin obstáculos.

Salmo 143:8-10

$\mathcal{S}$EÑOR, por causa de mis enemigos,
dirígeme en tu justicia;
empareja delante de mí tu senda.

Salmo 5:8

Instrúyeme, SEÑOR, en tu camino para
conducirme con fidelidad. Dame integridad
de corazón para temer tu nombre.

Salmo 86:11

Tú me respondiste cuando te hablé de mis caminos.
¡Enséñame tus decretos!
Hazme entender el camino de tus preceptos,
y meditaré en tus maravillas.

Salmo 119:26-27

$\mathcal{D}$esde los confines de la tierra te invoco,
pues mi corazón desfallece;
llévame a una roca donde esté yo a salvo.

Salmo 61:2

❧

$\mathcal{G}$uíame, pues eres mi roca y mi fortaleza,
dirígeme por amor a tu nombre. Líbrame de la
trampa que me han tendido, porque tú eres mi refugio.
En tus manos encomiendo mi espíritu;
líbrame, SEÑOR, Dios de la verdad.

Salmo 31:3-5

$\mathcal{A}$ dónde podría alejarme de tu Espíritu?
¿A dónde podría huir de tu presencia? Si subiera al cielo,
allí estás tú; si tendiera mi lecho en el fondo del abismo,
también estás allí. Si me elevara sobre las alas del alba,
o me estableciera en los extremos del mar,
aun allí tu mano me guiaría,
¡me sostendría tu mano derecha!

Salmo 139:7-10

$\mathcal{M}$e guías con tu consejo,
y más tarde me acogerás en gloria.

Salmo 73:24

$\mathcal{E}$nséñanos a contar bien nuestros días,
para que nuestro corazón adquiera sabiduría.

Salmo 90:12

$\mathcal{S}$EÑOR, enséñanos a orar.

Lucas 11:1

ORACIONES DE SALUD, RESTAURACIÓN, Y PAZ

Señor, mi Dios, te pedí ayuda
y me sanaste.
Salmo 30:2

𝒯enme compasión, SEÑOR, porque desfallezco;
sáname, SEÑOR, que un frío de muerte recorre mis huesos.

Salmo 6:2

❧

𝓗azme volver, y seré restaurado;
porque tú, mi Dios, eres el SEÑOR.

Jeremías 31:18

$\mathcal{A}$laba, alma mía, al SEÑOR, y no olvides ninguno
de sus beneficios. Él perdona todos tus pecados
y sana todas tus dolencias.

Salmo 103:2-3

ༀ

$\mathcal{S}$EÑOR, compadécete de mí;
sáname, pues contra ti he pecado.

Salmo 41:4

ༀ

$\mathcal{S}$áname, SEÑOR, y seré sanado; sálvame
y seré salvado, porque tú eres mi alabanza.

Jeremías 17:14

$\mathcal{S}$eñor, por tales cosas viven los hombres, y también mi espíritu encuentra vida en ellas … Sin duda, fue para mi bien pasar por tal angustia. Con tu amor me guardaste de la fosa destructora, y le diste la espalda a mis pecados. El sepulcro nada te agradece; la muerte no te alaba. Los que descienden a la fosa nada esperan de tu fidelidad. Los que viven, y sólo los que viven, son los que te alaban, como hoy te alabo yo … El Señor me salvará, y en el templo del Señor todos los días de nuestra vida cantaremos con instrumentos de cuerda.

Isaías 38:16-20

ORACIONES DE INTERCESIÓN POR OTROS

*Haz bien, Señor, a los que son buenos,
a los de recto corazón.*

Salmo 125:4

«SEÑOR Todopoderoso, Dios de Israel, entronizado
sobre los querubines: sólo tú eres el Dios de todos
los reinos de la tierra. Tú has hecho
los cielos y la tierra.»

Isaías 37:16

Ahora, pues, SEÑOR y Dios nuestro, sálvanos de su mano,
para que todos los reinos de la tierra sepan que sólo tú,
SEÑOR, eres Dios.

Isaías 37:20

Al de carácter firme lo guardarás
en perfecta paz, porque en ti confía.

Isaías 26:3 (NRSV)

$\mathcal{D}$ios nos tenga compasión y nos bendiga; Dios haga resplandecer su rostro sobre nosotros, para que se conozcan en la tierra sus caminos, y entre todas las naciones su salvación.

Salmo 67:1-2

¡$\mathcal{V}$uélvete a nosotros, oh Dios Todopoderoso! ¡Asómate a vernos desde el cielo! ... Nosotros no nos apartaremos de ti; reavívanos, e invocaremos tu nombre. Restáuranos, SEÑOR, Dios Todopoderoso; haz resplandecer tu rostro sobre nosotros, y sálvanos.

Salmo 80:14,18-19

$\mathcal{V}$uélvete a mí, y tenme compasión como haces
siempre con los que aman tu nombre. Guía mis pasos
conforme a tu promesa; no dejes que me domine la iniquidad.
Líbrame de la opresión humana, pues quiero obedecer tus
preceptos. Haz brillar tu rostro sobre tu siervo;
enséñame tus decretos.

Salmo 119:132-135

$\mathcal{S}$EÑOR, tú has sido nuestro refugio generación tras
generación. Desde antes que nacieran los montes
y que crearas la tierra y el mundo, desde los tiempos antiguos
y hasta los tiempos postreros, tú eres Dios.

Salmo 90:1-2

$\mathcal{D}$evuélveme la alegría de tu salvación;
que un espíritu obediente me sostenga.

Salmo 51:12

¡$\mathcal{C}$ompadécete ya de tus siervos! Sácianos de tu amor
por la mañana, y toda nuestra vida cantaremos de alegría.
Días y años nos has afligido, nos has hecho sufrir;
¡devuélvenos ahora ese tiempo en alegría!
¡Sean manifiestas tus obras a tus siervos, y tu esplendor a sus
descendientes! Que el favor del SEÑOR nuestro Dios
esté sobre nosotros. Confirma en nosotros la obra de nuestras
manos; sí, confirma la obra de nuestras manos.

Salmo 90:13-17

$\mathcal{S}$in embargo, SEÑOR mi Dios, atiende
la oración y la súplica de este siervo tuyo.
Oye el clamor y la oración que hoy elevo en tu presencia ...
Oye la súplica de tu siervo y de tu pueblo ...
Oye desde el cielo, donde habitas; ¡escucha y perdona! ...
Cuando tu pueblo peque contra ti y tú lo aflijas cerrando el cielo
para que no llueva, si luego ellos oran en este lugar y honran tu
nombre y se arrepienten de su pecado, óyelos tú desde el cielo
y perdona el pecado de tus siervos, de tu pueblo.
Guíalos para que sigan el buen camino, y envía la lluvia sobre esta
tierra, que es tuya, pues tú se la diste a tu pueblo por herencia ...
Trata a cada uno según su conducta, la cual tú conoces,
puesto que sólo tú escudriñas el corazón humano.

1 Reyes 8:28,30,35-36,39

68

*R*econforta el espíritu de tu siervo,
porque a ti, SEÑOR, elevo mi alma.

Salmo 86:4

¡*H*az, SEÑOR, que sobre nosotros brille la luz de tu rostro!
Tú has hecho que mi corazón rebose de alegría, alegría mayor
que la que tienen los que disfrutan de trigo y vino en
abundancia.

Salmo 4:6-7

*P*ero que se alegren todos los que en ti buscan refugio; ¡que
canten siempre jubilosos! Extiende tu protección, y que en ti se
regocijen todos los que aman tu nombre. Porque tú, SEÑOR,
bendices a los justos; cual escudo los rodeas con tu buena voluntad.

Salmo 5:11-12

$\mathcal{P}$or eso mi corazón se alegra, y se regocijan mis entrañas;
todo mi ser se llena de confianza. No dejarás que mi vida
termine en el sepulcro; no permitirás que sufra corrupción tu
siervo fiel. Me has dado a conocer la senda de la vida;
me llenarás de alegría en tu presencia,
y de dicha eterna a tu derecha.

Salmo 16:9-11

❧

$\mathcal{C}$onvertiste mi lamento en danza; me quitaste
la ropa de luto y me vestiste de fiesta, para que te cante
y te glorifique, y no me quede callado.
¡SEÑOR, mi Dios, siempre te daré gracias!

Salmo 30:11-12

$\mathscr{S}$ácianos de tu amor por la mañana,
y toda nuestra vida cantaremos de alegría.

Salmo 90:14

❧

$\mathscr{T}$ú, SEÑOR, me llenas de alegría con tus maravillas;
por eso alabaré jubiloso las obras de tus manos.
Oh SEÑOR, ¡cuán imponentes son tus obras,
y cuán profundos tus pensamientos!

Salmo 92:4-5

❧

$\mathscr{E}$n paz me acuesto y me duermo,
porque sólo tú, SEÑOR, me haces vivir confiado.

Salmo 4:8

$\mathcal{L}$os que aman tu ley disfrutan de gran bienestar,
y nada los hace tropezar.

Salmo 119:165

$\mathcal{C}$uán grande es tu bondad, que atesoras para los que te
temen, y que a la vista de la gente derramas
sobre los que en ti se refugian.
Al amparo de tu presencia los proteges
de las intrigas humanas; en tu morada los resguardas
de las lenguas contenciosas.

Salmo 31:19-20

$\mathcal{S}$EÑOR, tú estableces la paz en favor nuestro,
porque tú eres quien realiza todas nuestras obras.

Isaías 26:12

$\mathcal{P}$ero que se alegren todos los que en ti buscan refugio;
¡que canten siempre jubilosos! Extiende tu protección,
y que en ti se regocijen todos los que aman tu nombre.
Porque tú, SEÑOR, bendices a los justos;
cual escudo los rodeas con tu buena voluntad.

Salmo 5:11-12

$\mathcal{R}$estáuranos, oh Dios; haz resplandecer
tu rostro sobre nosotros, y sálvanos.

Salmo 80:3

❧

$\mathcal{R}$estáuranos una vez más, Dios y salvador nuestro;
pon fin a tu disgusto con nosotros.
¿Vas a estar enojado con nosotros para siempre?
¿Vas a seguir eternamente airado? ¿No volverás a darnos
nueva vida, para que tu pueblo se alegre en ti?
Muéstranos, Señor, tu amor inagotable, y concédenos tu
salvación. Voy a escuchar lo que Dios el Señor dice:
él promete paz a su pueblo y a sus fieles, siempre y cuando
no se vuelvan a la necedad. Muy cercano está para salvar a los
que le temen, para establecer su gloria en nuestra tierra.

Salmo 85:4-9

ORACIONES DE ALABANZA, ADORACIÓN, Y GOZO

«Señor, Dios de Israel, no hay Dios como tú arriba en el cielo ni abajo en la tierra, pues tú cumples tu pacto de amor con quienes te sirven y te siguen de todo corazón.»

1 Reyes 8:23

$\mathcal{P}$ero yo siempre tendré esperanza, y más y más te alabaré.
Todo el día proclamará mi boca tu justicia y tu salvación,
aunque es algo que no alcanzo a descifrar.
Soberano SEÑOR, relataré tus obras poderosas,
y haré memoria de tu justicia,
de tu justicia solamente.

Salmo 71:14-16

❧

$\mathcal{T}$ú eres mi Dios, por eso te doy gracias; tú eres mi Dios, por
eso te exalto. Den gracias al SEÑOR, porque él es bueno;
su gran amor perdura para siempre.

Salmo 118:28-29

¡Qué grande eres, SEÑOR omnipotente! Nosotros mismos
hemos aprendido que no hay nadie como tú,
y que aparte de ti no hay Dios.

2 Samuel 7:22

«SEÑOR, Dios de Israel, entronizado sobre los querubines:
sólo tú eres el Dios de todos los reinos de la tierra.
Tú has hecho los cielos y la tierra.»

2 Reyes 19:15

Tu amor es mejor que la vida; por eso mis labios
te alabarán. Te bendeciré mientras viva,
y alzando mis manos te invocaré.

Salmo 63:3-4

¡*B*endito seas, SEÑOR! ¡Sea exaltado tu glorioso nombre,
que está por encima de toda bendición y alabanza!
¡Sólo tú eres el SEÑOR! Tú has hecho los cielos,
y los cielos de los cielos con todas sus estrellas.
Tú le das vida a todo lo creado: la tierra y el mar
con todo lo que hay en ellos.
¡Por eso te adoran los ejércitos del cielo!

Nehemías 9:5-6

❧

*E*n todo tiempo te alabaré por tus obras;
en ti pondré mi esperanza en presencia de tus fieles,
porque tu nombre es bueno.

Salmo 52:9

$\mathcal{G}$randes y maravillosas son tus obras, SEÑOR, Dios
Todopoderoso. Justos y verdaderos son tus caminos,
Rey de las naciones. ¿Quién no te temerá, oh SEÑOR?
¿Quién no glorificará tu nombre? Sólo tú eres santo.
Todas las naciones vendrán y te adorarán,
porque han salido a la luz las obras de tu justicia.

Apocalipsis 15:3-4

$\mathcal{Q}$uiero alabarte, SEÑOR, con todo el corazón, y contar
todas tus maravillas. Quiero alegrarme y regocijarme en ti,
y cantar salmos a tu nombre, oh Altísimo.

Salmo 9:1-2

$\mathcal{T}$e alabaré, SEÑOR, entre los pueblos, te cantaré salmos
entre las naciones. Pues tu amor es tan grande que llega
a los cielos; ¡tu verdad llega hasta el firmamento!
¡Tú, oh Dios, estás sobre los cielos;
tu gloria cubre toda la tierra!

Salmo 57:9-11

❧

$\mathcal{P}$or tu fidelidad, Dios mío, te alabaré
con instrumentos de cuerda; te cantaré,
oh Santo de Israel, salmos con la lira.
Gritarán de júbilo mis labios cuando yo te cante salmos,
pues me has salvado la vida.

Salmo 71:22-23

$\mathcal{L}$os cielos, SEÑOR, celebran tus maravillas,
y tu fidelidad la asamblea de los santos.
¿Quién en los cielos es comparable al SEÑOR?
¿Quién como él entre los seres celestiales?
Dios es muy temido en la asamblea de los santos;
grande y portentoso sobre cuantos lo rodean.
¿Quién como tú, SEÑOR, Dios Todopoderoso,
rodeado de poder y de fidelidad?

Salmo 89:5-8

$\mathcal{S}$EÑOR, quiero alabarte de todo corazón,
y cantarte salmos delante de los dioses.
Quiero inclinarme hacia tu santo templo
y alabar tu nombre por tu gran amor y fidelidad.
Porque has exaltado tu nombre y tu palabra
por sobre todas las cosas.

Salmo 138:1-2

$\mathcal{T}$e exaltaré, mi Dios y rey; por siempre bendeciré
tu nombre. Todos los días te bendeciré;
por siempre alabaré tu nombre.
Grande es el SEÑOR, y digno de toda alabanza;
su grandeza es insondable.

Salmo 145:1-3

$\mathcal{D}$igno eres, SEÑOR y Dios nuestro,
de recibir la gloria, la honra y el poder,
porque tú creaste todas las cosas;
por tu voluntad existen y fueron creadas.

Apocalipsis 4:11

$\mathcal{S}$EÑOR, tú eres mi Dios; te exaltaré y alabaré
tu nombre porque has hecho maravillas.
Desde tiempos antiguos tus planes son fieles y seguros.

Isaías 25:1

¡*B*endito seas, SEÑOR, Dios de nuestro padre Israel,
desde siempre y para siempre! Tuyos son, SEÑOR,
la grandeza y el poder, la gloria, la victoria y la majestad.
Tuyo es todo cuanto hay en el cielo y en la tierra.
Tuyo también es el reino, y tú estás por encima de todo.
De ti proceden la riqueza y el honor; tú lo gobiernas todo.
En tus manos están la fuerza y el poder,
y eres tú quien engrandece y fortalece a todos.
Por eso, Dios nuestro, te damos gracias,
y a tu glorioso nombre tributamos alabanzas.

1 Crónicas 29:10-13

ORACIONES DE NUEVA ENTREGA

$\mathscr{P}$refiero recordar las hazañas del SEÑOR,
traer a la memoria sus milagros de antaño.
Meditaré en todas tus proezas; evocaré tus obras poderosas.
Santos, oh Dios, son tus caminos.

Salmo 77:11-13

$\mathscr{C}$ual ciervo jadeante en busca del agua, así te busca,
oh Dios, todo mi ser ... Recuerdo esto y me deshago
en llanto: yo solía ir con la multitud, y la conducía
a la casa de Dios. Entre voces de alegría
y acciones de gracias hacíamos gran celebración.
¿Por qué voy a inquietarme? ¿Por qué me voy a angustiar?
En Dios pondré mi esperanza y todavía lo alabaré.
¡Él es mi Salvador y mi Dios! Ésta es la oración al Dios
de mi vida: que de día el SEÑOR mande su amor,
y de noche su canto me acompañe.

Salmo 42:1-2,4-5,8

En mi angustia clamé al Señor, y él me respondió.
Desde las entrañas del sepulcro pedí auxilio,
y tú escuchaste mi clamor ... Pero tú, Señor,
Dios mío, me rescataste de la fosa ...
«Al sentir que se me iba la vida, me acordé del Señor,
y mi oración llegó hasta ti, hasta tu santo templo.
»Los que siguen a ídolos vanos abandonan el amor de Dios.
Yo, en cambio, te ofreceré sacrificios y cánticos de gratitud.
Cumpliré las promesas que te hice.
¡La salvación viene del Señor!»

Jonás 2:2,6-9

❧

$\mathcal{T}$en compasión de mí, oh Dios, conforme a tu gran amor;
conforme a tu inmensa bondad, borra mis transgresiones.
Lávame de toda mi maldad y límpiame de mi pecado.
Yo reconozco mis transgresiones; siempre tengo presente mi
pecado. Contra ti he pecado, sólo contra ti, y he hecho
lo que es malo ante tus ojos; por eso, tu sentencia es justa,
y tu juicio, irreprochable.

Purifícame con hisopo, y quedaré limpio;
lávame, y quedaré más blanco que la nieve ...
Crea en mí, oh Dios, un corazón limpio,
y renueva la firmeza de mi espíritu.
Devuélveme la alegría de tu salvación;
que un espíritu obediente me sostenga ... Abre,
SEÑOR, mis labios, y mi boca proclamará tu alabanza.

Salmo 51:1-4,7,10,12,15

$\mathscr{T}$raigo a la memoria los tiempos de antaño:
medito en todas tus proezas, considero las obras
de tus manos. Hacia ti extiendo las manos;
me haces falta, como el agua a la tierra seca.

Salmo 143:5-6

ORACIONES DE FORTALEZA

¡Cuánto te amo, SEÑOR, fuerza mía!

Salmo 18:1

A ti, fortaleza mía, vuelvo los ojos, pues tú, oh Dios,
eres mi protector. Tú eres el Dios que me ama,
e irás delante de mí.

Salmo 59:9-10

En tu santuario, oh Dios, eres imponente;
¡el Dios de Israel da poder y fuerza a su pueblo!
¡Bendito sea Dios!

Salmo 68:35

Con tu gran amor guías al pueblo que has rescatado;
por tu fuerza los elevas a tu santa morada

Éxodo 15:13

Enaltécete, SEÑOR, con tu poder,
y con salmos celebraremos tus proezas.

Salmo 21:13

Pero tú, SEÑOR, no te alejes; fuerza mía,
ven pronto en mi auxilio. Libra mi vida de la espada.

Salmo 22:19-20

Líbrame, Dios mío, de manos de los impíos,
del poder de los malvados y violentos.
Tú, Soberano SEÑOR, has sido mi esperanza;
en ti he confiado desde mi juventud.

Salmo 71:4-5

SEÑOR, ten compasión de nosotros; pues en ti
esperamos. Sé nuestra fortaleza cada mañana,
nuestra salvación en tiempo de angustia.

Isaías 33:2

$\mathscr{S}$EÑOR, fuerza y fortaleza mía, mi refugio en el día de la
angustia: desde los confines de la tierra vendrán a ti las naciones.

Jeremías 16:19

❧

$\mathscr{A}$ la sombra de tus alas cantaré, porque tú eres
mi ayuda. Mi alma se aferra a ti;
tu mano derecha me sostiene.

Salmo 63:7-8

❧

¿$\mathscr{A}$ quién tengo en el cielo sino a ti? Si estoy contigo,
ya nada quiero en la tierra. Podrán desfallecer
mi cuerpo y mi espíritu, pero Dios fortalece
mi corazón; él es mi herencia eterna.

Salmo 73:25-26

ORACIONES DE SÚPLICA

Oh Dios, tú eres mi Dios; yo te busco intensamente.
Mi alma tiene sed de ti; todo mi ser te anhela,
cual tierra seca, extenuada y sedienta.

Salmo 63:1

$\mathcal{I}$nclina a mí tu oído, y acude pronto
a socorrerme. Sé tú mi roca protectora,
la fortaleza de mi salvación.

Salmo 31:2

$\mathcal{P}$ero que todos los que te buscan se alegren en ti
y se regocijen; que los que aman tu salvación digan siempre:
«¡Sea Dios exaltado!» Yo soy pobre y estoy necesitado;
¡ven pronto a mí, oh Dios! Tú eres mi socorro y mi
libertador; ¡no te demores, SEÑOR!

Salmo 70:4-5

$\mathscr{E}$n ti, SEÑOR, me he refugiado; jamás me dejes
quedar en vergüenza. Por tu justicia, rescátame y líbrame;
dígnate escucharme, y sálvame. Sé tú mi roca
de refugio adonde pueda yo siempre acudir;
Da la orden de salvarme, porque tú eres mi roca,
mi fortaleza. Líbrame, Dios mío, de manos
de los impíos, del poder de los malvados y violentos.
Tú, Soberano SEÑOR, has sido mi esperanza;
en ti he confiado desde mi juventud ... No me rechaces
cuando llegue a viejo; no me abandones cuando me falten
las fuerzas ... Dios mío, no te alejes de mí;
Dios mío, ven pronto a ayudarme.

Salmo 71:1-5,9,12

$\mathcal{A}$tiéndeme, Señor; respóndeme, pues pobre soy y estoy necesitado. Presérvame la vida, pues te soy fiel. Tú eres mi Dios, y en ti confío; ¡salva a tu siervo! Compadécete, Señor, de mí, porque a ti clamo todo el día. Reconforta el espíritu de tu siervo, porque a ti, Señor, elevo mi alma. Tú, Señor, eres bueno y perdonador; grande es tu amor por todos los que te invocan. Presta oído, Señor, a mi oración; atiende a la voz de mi clamor. En el día de mi angustia te invoco, porque tú me respondes ... Instrúyeme, Señor, en tu camino para conducirme con fidelidad. Dame integridad de corazón para temer tu nombre.

Salmo 86:1-7,11

$\mathcal{S}$EÑOR, hazme conocer tus caminos;
muéstrame tus sendas. Encamíname en tu verdad,
¡enséñame! Tú eres mi Dios y Salvador;
¡en ti pongo mi esperanza todo el día!

Salmo 25:4-5

❧

$\mathcal{A}$breme los ojos, para que contemple
las maravillas de tu ley.

Salmo 119:18

Examíname, oh Dios, y sondea mi corazón;
ponme a prueba y sondea mis pensamientos.
Fíjate si voy por mal camino,
y guíame por el camino eterno.

Salmo 139:23-24

Enséñame, Señor, a seguir tus decretos,
y los cumpliré hasta el fin. Dame entendimiento
para seguir tu ley, y la cumpliré de todo corazón.
Dirígeme por la senda de tus mandamientos,
porque en ella encuentro mi solaz.

Salmo 119:33-35

ORACIONES DE ACCIÓN DE GRACIAS

«Señor, Dios Todopoderoso, que eres y que eras,
te damos gracias porque has asumido tu gran poder
y has comenzado a reinar.»

Apocalipsis 11:17

¡Pero gracias a Dios, que nos da la victoria por medio de
nuestro Señor Jesucristo!

1 Corintios 15:57

*T*e damos gracias, oh Dios,
te damos gracias e invocamos tu nombre;
¡todos hablan de tus obras portentosas!

Salmo 75:1

*C*onvertiste mi lamento en danza; me quitaste
la ropa de luto y me vestiste de fiesta,
para que te cante y te glorifique, y no me quede callado.
¡Señor, mi Dios, siempre te daré gracias!

Salmo 30:11-12

*T*ú, Señor, me llenas de alegría con tus maravillas; por eso
alabaré jubiloso las obras de tus manos. Oh Señor, ¡cuán
imponentes son tus obras, y cuán profundos tus pensamientos!

Salmo 92:4-5

$\mathcal{A}$ ti, Dios de mis padres, te alabo y te doy gracias.

Daniel 2:23

$\mathcal{Q}$uiero alabarte, SEÑOR, con todo el corazón, y contar
todas tus maravillas. Quiero alegrarme y regocijarme en ti,
y cantar salmos a tu nombre, oh Altísimo.

Salmo 9:1-2

$\mathcal{G}$ritarán de júbilo mis labios cuando yo te cante salmos,
pues me has salvado la vida. Todo el día repetirá
mi lengua la historia de tus justas acciones,
pues quienes buscaban mi mal han quedado
confundidos y avergonzados.

Salmo 71:23-24

Por eso, Dios nuestro, te damos gracias,
y a tu glorioso nombre tributamos alabanzas.

1 Crónicas 29:13

Oh SEÑOR, por siempre cantaré la grandeza
de tu amor; por todas las generaciones proclamará
mi boca tu fidelidad. Declararé que tu amor
permanece firme para siempre,
que has afirmado en el cielo tu fidelidad.

Salmo 89:1-2

Tú eres mi Dios, por eso te doy gracias; tú eres mi Dios,
por eso te exalto. Den gracias al SEÑOR, porque él es bueno;
su gran amor perdura para siempre.

Salmo 118:28-29

ORACIONES
DE VERDAD

Pero yo confío en tu gran amor;
mi corazón se alegra en tu salvación.
Salmo 13:5

Que tu gran amor, SEÑOR, nos acompañe,
tal como lo esperamos de ti.
Salmo 33:22

$\mathcal{C}$uando siento miedo, pongo en ti mi confianza.
Confío en Dios y alabo su palabra;
confío en Dios y no siento miedo.

Salmo 56:3-4

$\mathcal{P}$or la mañana hazme saber de tu gran amor,
porque en ti he puesto mi confianza.
Señálame el camino que debo seguir,
porque a ti elevo mi alma.

Salmo 143:8

$\mathscr{E}$l Señor es mi pastor, nada me falta; en verdes pastos me hace descansar. Junto a tranquilas aguas me conduce; me infunde nuevas fuerzas. Me guía por sendas de justicia por amor a su nombre. Aun si voy por valles tenebrosos, no temo peligro alguno porque tú estás a mi lado; tu vara de pastor me reconforta. Dispones ante mí un banquete en presencia de mis enemigos. Has ungido con perfume mi cabeza; has llenado mi copa a rebosar. La bondad y el amor me seguirán todos los días de mi vida; y en la casa del Señor habitaré para siempre.

Salmo 23

Pero yo confío en tu gran amor; mi corazón
se alegra en tu salvación. Canto salmos al Señor.
¡El Señor ha sido bueno conmigo!

Salmo 13:5-6

En ti confían los que conocen tu nombre, porque tú,
Señor, jamás abandonas a los que te buscan.

Salmo 9:10

En ti confiaron nuestros padres;
confiaron, y tú los libraste;
a ti clamaron, y tú los salvaste;
se apoyaron en ti, y no los defraudaste.

Salmo 22:4-5

❧

A ti, SEÑOR, elevo mi alma;
mi Dios, en ti confío.

Salmo 25:1-2

❧

Tú eres mi escondite y mi escudo;
en tu palabra he puesto mi esperanza.

Salmo 119:114

$\mathcal{O}$ye, SEÑOR, mi voz cuando a ti clamo; compadécete
de mí y respóndeme. El corazón me dice:
«¡Busca su rostro!» Y yo, SEÑOR, tu rostro busco.
No te escondas de mí; no rechaces, en tu enojo,
a este siervo tuyo, porque tú has sido mi ayuda.
No me desampares ni me abandones, Dios de mi salvación.
Aunque mi padre y mi madre me abandonen,
el SEÑOR me recibirá en sus brazos. Guíame,
SEÑOR, por tu camino; dirígeme por la senda de rectitud,
por causa de los que me acechan ... Pero de una cosa
estoy seguro: he de ver la bondad del SEÑOR
en esta tierra de los vivientes.

Salmo 27:7-11,13

ORACIONES CUANDO ENFRENTAS DIFICULTADES

En el día de mi angustia te invoco,
porque tú me respondes.

Salmo 86:7

$\mathcal{P}$ero que se alegren todos los que en ti buscan refugio;
¡que canten siempre jubilosos! Extiende tu protección,
y que en ti se regocijen todos los que aman tu nombre.
Porque tú, SEÑOR, bendices a los justos;
cual escudo los rodeas con tu buena voluntad.

Salmo 5:11-12

$\mathcal{P}$ero tú, SEÑOR Soberano, trátame bien por causa de nombre;
líbrame por tu bondad y gran amor. Ciertamente soy pobre
y estoy necesitado; profundamente herido está mi corazón

Salmo 109:21-22

*R*esponde a mi clamor, Dios mío
y defensor mío. Dame alivio cuando esté angustiado,
apiádate de mí y escucha mi oración.

Salmo 4:1

*E*n paz me acuesto y me duermo,
porque sólo tú, SEÑOR, me haces vivir confiado.

Salmo 4:8

*N*o me niegues, Señor, tu misericordia;
que siempre me protejan tu amor y tu verdad.

Salmo 40:11

*P*or favor, Señor, ¡ven a librarme!
¡Ven pronto, Señor, en mi auxilio!
Sean confundidos y avergonzados todos
los que tratan de matarme; huyan derrotados.

Salmo 40:13-14

Oh Dios y salvador nuestro, por la gloria
de tu nombre, ayúdanos; por tu nombre,
líbranos y perdona nuestros pecados

Salmo 79:9

❧

Considera mi aflicción, y líbrame, pues no
me he olvidado de tu ley. Defiende mi causa,
rescátame; dame vida conforme a tu promesa ...
Grande es, SEÑOR, tu compasión;
dame vida conforme a tus juicios.

Salmo 119:153-154,156

꙲

En ti, SEÑOR, busco refugio; jamás permitas
que me avergüencen; en tu justicia, líbrame.
Inclina a mí tu oído, y acude pronto a socorrerme.
Sé tú mi roca protectora, la fortaleza de mi salvación.
Guíame, pues eres mi roca y mi fortaleza, dirígeme por amor
a tu nombre. Líbrame de la trampa que me han tendido,
porque tú eres mi refugio. En tus manos encomiendo mi
espíritu; líbrame, SEÑOR, Dios de la verdad ... Me alegro y
me regocijo en tu amor, porque tú has visto mi aflicción
y conoces las angustias de mi alma ... Tenme compasión,
SEÑOR, que estoy angustiado; el dolor está acabando con mis
ojos, con mi alma, ¡con mi cuerpo!

Pero yo, SEÑOR, en ti confío, y digo:
«Tú eres mi Dios.» Mi vida entera está en tus manos ...
Que irradie tu faz sobre tu siervo; por tu gran amor,
sálvame. SEÑOR, no permitas que me
avergüencen, porque a ti he clamado ...
Cuán grande es tu bondad, que atesoras
para los que te temen, y que a la vista
de la gente derramas sobre los que en ti se refugian ...
Bendito sea el SEÑOR, pues mostró
su gran amor por mí ... Pero tú oíste mi voz
suplicante cuando te pedí que me ayudaras.
Salmo 31:1-5, 7, 9, 14-17, 19, 21-22

$\mathcal{T}$ú, Señor, nos protegerás;
tú siempre nos defenderás de esta gente.

Salmo 12:7

$\mathcal{S}$eñor y Dios mío, mírame y respóndeme; ilumina
mis ojos. Así no caeré en el sueño de la muerte.

Salmo 13:3

$\mathcal{E}$scucha, oh Dios, mi oración; no pases
por alto mi súplica. ¡Óyeme y respóndeme,
porque mis angustias me perturban!

Salmo 55:1-2

$\mathcal{T}$ú eres mi refugio; tú me
protegerás del peligro y me rodearás
con cánticos de liberación.

Salmo 32:7

$\mathcal{N}$o te alejes de mí, porque la angustia está cerca
y no hay nadie que me ayude ... Pero tú, SEÑOR,
no te alejes; fuerza mía, ven pronto en mi auxilio.

Salmo 22:11,19

$\mathcal{A}$unque pase yo por grandes angustias,
tú me darás vida; contra el furor de mis
enemigos extenderás la mano:
¡tu mano derecha me pondrá a salvo!
El Señor cumplirá en mí su propósito.
Tu gran amor, Señor, perdura para siempre;
¡no abandones la obra de tus manos!

Salmo 138:7-8

JESÚS ORA POR ÉL

«Padre, ha llegado la hora. Glorifica a tu Hijo,
para que tu Hijo te glorifique a ti, ya que
le has conferido autoridad sobre todo mortal
para que él les conceda vida eterna
a todos los que le has dado. Y ésta es la vida eterna:
que te conozcan a ti, el único Dios verdadero,
y a Jesucristo, a quien tú has enviado.
Yo te he glorificado en la tierra, y he llevado
a cabo la obra que me encomendaste. Y ahora,
Padre, glorifícame en tu presencia con la gloria
que tuve contigo antes de que el mundo existiera.»

Juan 17:1-5

JESÚS ORA POR SUS DISCÍPULOS

«A los que me diste del mundo les he revelado quién eres. Eran tuyos; tú me los diste y ellos han obedecido tu palabra. Ahora saben que todo lo que me has dado viene de ti, porque les he entregado las palabras que me diste, y ellos las aceptaron; saben con certeza que salí de ti, y han creído que tú me enviaste. Ruego por ellos. No ruego por el mundo, sino por los que me has dado, porque son tuyos. Todo lo que yo tengo es tuyo, y todo lo que tú tienes es mío; y por medio de ellos he sido glorificado. Ya no voy a estar por más tiempo en el mundo, pero ellos están todavía en el mundo, y yo vuelvo a ti.»

«Padre santo, protégelos con el poder de tu nombre, el nombre que me diste, para que sean uno, lo mismo que nosotros. Mientras estaba con ellos, los protegía y los preservaba mediante el nombre que me diste, y ninguno se perdió sino aquel que nació para perderse, a fin de que se cumpliera la Escritura.

»Ahora vuelvo a ti, pero digo estas cosas mientras todavía estoy en el mundo, para que tengan mi alegría en plenitud. Yo les he entregado tu palabra, y el mundo los ha odiado porque no son del mundo, como tampoco yo soy del mundo.

No te pido que los quites del mundo,
sino que los protejas del maligno.
Ellos no son del mundo, como tampoco
lo soy yo. Santifícalos en la verdad;
tu palabra es la verdad. Como tú me enviaste
al mundo, yo los envío también al mundo.
Y por ellos me santifico
a mí mismo, para que también
ellos sean santificados en la verdad.»

Juan 17:6-19

JESÚS ORA POR TODOS LOS CREYENTES

«No ruego sólo por éstos. Ruego también por los que han de creer en mí por el mensaje de ellos, para que todos sean uno. Padre, así como tú estás en mí y yo en ti, permite que ellos también estén en nosotros, para que el mundo crea que tú me has enviado. Yo les he dado la gloria que me diste, para que sean uno, así como nosotros somos uno: yo en ellos y tú en mí. Permite que alcancen la perfección en la unidad, y así el mundo reconozca que tú me enviaste y que los has amado a ellos tal como me has amado a mí. Padre, quiero que los que me has dado estén conmigo donde yo estoy. Que vean mi gloria, la gloria que me has dado porque me amaste desde antes de la creación del mundo.»

Juan 17:20-24

❧